Käthe Recheis
Kleiner Wa-gusch

Käthe Recheis, 1928 in Oberösterreich geboren, ist eine der bedeutendsten Autorinnen von Indianerliteratur. Ihre große Sachkenntnis über die Indianer Nord- und Südamerikas hat sie sich nicht nur durch intensives Studium angeeignet, sondern auch durch persönliches Erleben. Für das Buch „Red Boy" erhielt Käthe Recheis 1967 den Österreichischen Jugendbuchpreis.

Von Käthe Recheis ist außerdem in den Ravensburger Taschenbüchern erschienen:

RTB 1772 Red Boy
RTB 1783 Fallensteller am Bibersee
RTB 1807 Die Hunde Wakondas

Käthe Recheis

Kleiner Wa-gusch

Mit Illustrationen von
Mance Post

Otto Maier Ravensburg

Lizenzausgabe
als Ravensburger Taschenbuch Band 1813,
erschienen 1992

Die Originalausgabe erschien 1987
im Verlag St. Gabriel, Wien–Mödling

Umschlagillustration: Bettina Wölfel

Gesamtherstellung: Ebner Ulm
Printed in Germany

5 4 3 2 1 96 95 94 93 92

ISBN 3-473-51813-1

Inhalt

Sei nicht traurig, kleiner Wa-gusch

Ich habe viele Freunde. Ich bin nie allein. Aber das war nicht immer so. Einmal war ich sehr allein. Ich war so einsam, daß ich Angst hatte und weinte.

Mein Vater und meine Mutter waren fortgewandert. Sie hatten mich zur Hütte der Großmutter gebracht und gesagt: „Sei nicht traurig, kleiner Wa-gusch. Die Großmutter wird bei dir sein, bis wir wiederkommen."

Aber dann war auch die Großmutter nicht mehr bei mir. Sie war in den Wald gegangen und hatte mich allein gelassen. Ich saß vor der Hütte und wartete. Ich wartete lange.

In den Büschen rund um die Hütte raschelte es. In den Zweigen der Bäume flüsterte es. Mir war, als würden die Bäume größer und größer und ich immer kleiner. Mir war, als streckten die Bäume ihre Äste nach mir aus, als wollten sie mich packen und festhalten.

„Großmutter! Großmutter!" rief ich.

Etwas lachte hoch oben in einem der Wipfel. Etwas knackte drinnen im Wald. Etwas raschelte drinnen im Wald. Was da knackste und raschelte, war ganz nahe, aber ich konnte nicht sehen, was es war.

Ich sprang auf und flüchtete in die Hütte. Ich verkroch mich im Bett und grub das Gesicht in die Kaninchenfelle. Ich hielt die Hände vor die Ohren. Ich wollte nichts hören und nichts sehen. Noch nie hatte ich solche Angst gehabt.

Ich weiß nicht, wie lange ich auf dem Bett lag und weinte. Dann war auf einmal die Großmutter da. Sie beugte sich über mich und nahm mich in die Arme.

„Großmutter", rief ich, „geh nie wieder fort! Laß mich nie wieder allein!"

„Weine nicht, kleiner Wa-gusch", sagte sie. „Du bist doch nicht allein. Du hast so viele Freunde. Komm, ich zeige sie dir."

Wir gingen aus der Hütte. Die Bäume waren groß. Aber jetzt, da die Großmutter bei mir war, hatte ich keine Angst mehr. Durch das Geäst der Fichten schien die Sonne. Das Laub der Ahornbäume flüsterte. Es war der Wind, der in den Blättern flüsterte. Und was in den Büschen raschelte, war ein kleines Erdhörnchen. Es setzte sich auf die Hinterbeine und schaute mich an. Die kleinen Ohren zuckten. Der Schwanz zuckte.

Oben auf einem Fichtenast saß ein Häher und äugte auf mich herunter. Er plusterte sein grau-weißes Gefieder und lachte.

„Das Erdhörnchen ist dein Freund, kleiner Wa-gusch", sagte die Großmutter. „Der Häher ist dein Freund."

Sie nahm mich an der Hand, und wir gingen zum Bach. Im Gras blühten Blumen. Eine Drossel sang und flötete.

„Hörst du, was die Drossel sagt?" fragte die Großmutter. „Im Herbst, wenn die Blätter von den Bäumen fallen, fliegen die Drosseln nach Süden. Jetzt sind sie zurückgekommen und sagen dir, daß es Frühling geworden ist."

Unten am Bach wuchsen Binsen am Ufer. Das Wasser gluckste und murmelte und war so klar, daß ich jeden Stein auf dem Grund sehen konnte. Fische flitzten im Wasser umher.

„Auch der Bach ist dein Freund", sagte die Großmutter. „Er gibt dir Wasser zu trinken, wenn du durstig bist. Er gibt dir Fische zu essen, wenn du hungrig bist. Das sagt dir der Bach, kleiner Wa-gusch. Alles redet mit dir. Du mußt nur lernen, es zu hören.“

Ein Biber schwamm im Bach, tauchte unter und tauchte wieder auf. Die Großmutter brauchte nicht mehr zu sagen, daß der Biber mein Freund war. Das wußte ich jetzt schon von selbst.

„Großmutter“, rief ich, „ich habe wirklich viele Freunde!“

„Du hast noch viel mehr“, antwortete die Großmutter. „Komm, ich zeige sie dir.“

Wir wanderten einen Hügel hinauf. Oben auf dem Hügel stand ein alter Ahornbaum. Er war größer als alle anderen Bäume. Wir setzten uns unter das Dach seiner Zweige.

Vögel sangen. Von unserem Hügel aus konnten wir weit über den Wald hin schauen, auf die vielen Hügel ringsum. Der Wind strich darüber, und die Blätter des alten Baumes rauschten. Da wußte ich, daß auch er mit mir redete, wie der Bach mit mir geredet hatte.

„Großmutter“, fragte ich, „was sagt der Baum?“

„Er sagt dir, daß er dein Freund ist, kleiner Wa-gusch. Er gibt dir Schatten, wenn die Sonne heiß scheint. Er gibt dir seine dürren Äste, damit du ein Feuer machen kannst."

„Und was sagt er noch, Großmutter?"

Die Großmutter lächelte. „Leg die Hände an den Stamm, kleiner Wa-gusch!"

„Als ich so klein war wie du", sagte die Großmutter, „da stand dieser Baum schon hier auf dem Hügel. Er war ein junger Baum, und seine Rinde war glatt. Jetzt ist er alt geworden, seine Rinde ist rauh. Auch ich bin alt geworden, und mein Gesicht ist runzlig und voller Falten. Wir sind beide alt geworden, und so ist es gut. Das sagt mir der Baum. Er sagt mir aber auch, daß aus seinen Samen wieder Bäume wachsen. So wie dieser da, kleiner Wa-gusch!"

Die Großmutter zeigte auf einen kleinen Ahornbaum, der im Gras und Moos Wurzeln geschlagen hatte.

„Er wird mit dir wachsen und größer werden", sagte die Großmutter.

Die Vögel sangen noch immer. Die Sonne schien auf die Hügel. Auf irgendeinem dieser Hügel wanderten mein Vater und meine Mutter, immer weiter fort von mir. Aber das machte mich nicht mehr traurig. Ich war ja bei der Großmutter, wie der kleine Baum beim großen Baum war.

Als wir heimgingen, sammelten wir dürre Äste. Unten am Bach fingen wir Fische. Als es Abend wurde, zündeten wir in der Hütte ein Feuer an. Wir rösteten die Fische und aßen sie bis auf einen, den wir für den Morgen aufhoben.

Über dem Feuer war ein Loch im Rindendach. Der Rauch kräuselte hoch. Das Feuer brannte nieder und gloste nur noch. Es war dunkel geworden. Im Rauchloch sah ich einen Stern. Er blinzelte mir zu. Er sagte mir, daß es Nacht geworden war und Zeit zum Schlafen.

Min-di

Als ich am nächsten Morgen erwachte, schlief die Großmutter noch. Durch das Rauchloch schien die Sonne.

Ich stand leise auf, um die Großmutter nicht zu wecken, und trat ins Freie.

Taunasse Gräser funkelten. Morgennebel stiegen vom Boden auf, zogen zwischen den Stämmen dahin und machten den Wald geheimnisvoll. Ich konnte nicht mehr verstehen, daß ich Angst gehabt hatte. Das war gestern gewesen, jetzt war ich einen Tag älter und wußte es besser.

Ich beschloß, Reisig für das Feuer zu sammeln. Als ich mit einem Armvoll dürrer Zweige zurückkam, war auch die Großmutter wach geworden. Wir aßen den Fisch, den wir für heute morgen aufgehoben hatten.

„Großmutter, ich will zum Bach hinuntergehen“, sagte ich.

„Ja, geh nur, kleiner Wa-gusch“, antwortete sie.

Gräser streiften an meine Beine. Die Sonne hatte den Tau getrocknet. Ihr Licht tanzte auf dem Wasser. Ich schlenderte den Bach entlang und schaute den Enten und Bibern zu. Dann ging ich den Hügel hinauf zum großen und kleinen Ahornbaum.

Der kleine Ahornbaum, der im Gras und Moos wuchs, war genauso groß wie ich.

„Kleiner Baum, du bist mein Freund“, sagte ich.

Ich legte mein Gesicht an den Stamm des alten Baumes. Es war gut, die alte Rinde an meinem Gesicht zu spüren. Der Baum und meine Großmutter waren miteinander alt geworden. „Großer Baum, du bist mein Freund“, sagte ich.

Ich setzte mich in seinen Schatten und glaubte, allein mit meinen Freunden zu sein, aber auf einmal hörte ich jemanden lachen. Am Rand der Hügelkuppe stand ein Mädchen. Es hatte lange Zöpfe und war einen Kopf größer als ich. Auf dem Rücken trug es eine Wiege. Das Kleid aus Hirschleder war am Saum mit Perlen bestickt.

Das Mädchen kam auf mich zu. Ich meinte, es hätte über mich gelacht, weil ich mit den Bäumen redete. Das war mir gar nicht recht.

„Ich heiße Min-di", sagte das Mädchen und nahm die Tragwiege vom Rücken. In der Wiege war ein kleiner Junge. „Das ist Wa-pi, mein Bruder. Und du bist Wa-gusch!"

„Wieso weißt du das?" fragte ich erstaunt.

Min-di lachte wieder. „Deine Großmutter hat es uns gesagt. Wir wohnen weiter unten am Bach. Du brauchst nur am Ufer entlangzugehen, dann kommst du zu unserer Hütte." Sie spielte mit den Muscheln, die vom Kopfschild der Wiege baumelten. Die Muscheln klingelten. Wa-pi verzog den Mund zum Lachen. „Er kann schon laufen", erklärte Min-di. „Aber nur ein paar Schritte. Deshalb muß ich ihn noch immer tragen."

Sie lehnte die Wiege an den Baum. „Ich habe deine Spur am Bach gesehen, Wa-gusch. Was tust du hier oben?"

Ich war auf den Hügel gegangen, um dem großen und dem kleinen Baum zu sagen, daß sie meine Freunde waren. Aber das war mein Geheimnis, und ich konnte es nicht jemandem anvertrauen, der auf einmal da war und den ich noch gar nicht kannte. Min-di schien zu verstehen, warum ich keine Antwort gab, und es schien ihr nichts auszumachen. Sie setzte sich zu mir ins Gras und fragte: „Bleibst du jetzt bei deiner Großmutter?“

„Ja“, sagte ich.

Am Himmel über uns segelte ein Falke. Er ließ sich vom Wind tragen und zog ohne Flügel-

schlag seine Kreise. In der Ferne verschwammen die Hügel im Dunst, wurden so blau wie der Himmel selbst.

Irgendwo auf einem dieser Hügel wanderten mein Vater und meine Mutter. Und irgendwo, noch viel weiter weg, war ein großer See, an dessen Ufer mein Onkel und meine Tante lebten. Vor vielen Jahren waren sie dorthin gezogen, da war ich noch ganz klein gewesen. „Es wird Zeit, daß wir sie besuchen“, hatte mein Vater gesagt. „Wenn die Blätter bunt werden und von den Bäumen fallen, dann kommen wir wieder, kleiner Wa-gusch.“

Ich erzählte Min-di von meinem Onkel und von meiner Tante. Den ganzen Sommer lang wollten meine Eltern am großen See bleiben. Ich erzählte Min-di, daß sie mich zur Großmutter gebracht hatten, weil der Weg dorthin viel zu weit für mich war.

„Und jetzt bist du bei uns, Wa-gusch“, sagte Min-di. „Und das ist schön!“

Es war wirklich schön, neben Min-di im Gras zu sitzen und ihr von meinen Eltern zu erzählen. Sollte ich ihr sagen, daß der alte Baum und der kleine Baum meine Freunde waren? Ich be-

schloß, damit noch zu warten. Später einmal würde ich es tun.

Wa-pi war eingeschlafen. Min-di nahm die Wiege auf den Rücken, und wir gingen den Hügel hinunter. Plötzlich blieb Min-di stehen und packte mich am Arm. Zwei Wölfe glitten wie graue Schatten durch das Gebüsch. Die Großmutter hatte gesagt, daß alle Tiere meine Freunde seien. Aber die Wölfe waren so groß!

Einer äugte zu uns her, dann waren beide im Unterholz verschwunden.

Min-di und ich fingen zu laufen an. Wa-pi

wurde munter. Er lachte, ihm gefiel es, daß wir so schnell rannten. Wir hörten erst zu laufen auf, als wir am Bach waren. Im Wasser plätscherten die Biber. Enten gründelten. In den Binsen schwirrten Vögel und schnappten nach Mücken.

„Gut, daß du bei mir gewesen bist, Wagusch!“ sagte Min-di.

Da wußte ich, daß ich ihr mein Geheimnis erzählen würde. Vielleicht noch heute.

Im Birkenwäldchen

Die Hütte meiner Großmutter war mit Birkenrinde gedeckt. Auf dem Boden lagen aus Binsen gewebte Matten. In großen und kleinen Rindenbehältern bewahrte die Großmutter ihre Vorräte auf. Auch Tragtaschen, Teller und Schüsseln machten wir aus Birkenrinde.

Als Min-di und ich zur Großmutter kamen, fragte sie uns, ob wir mit ihr zum Birkenwäldchen gehen wollten. Jetzt, da ich bei ihr war, brauchte sie mehr Birkenrinde als früher. Min-di sagte, es sei ein guter Tag zum Rindensammeln. Auch ich fand, daß es ein guter Tag dafür war. Der Tag, an dem ich Min-di kennengelernt hatte.

Wir wanderten durch den Wald. Kaninchen hoppelten vorüber. Einmal strich ein Fuchs durchs Gebüsch. Eine Schar grauer Häher begleitete uns eine ganze Weile, flog laut schäkernd von Baum zu Baum.

Das Birkenwäldchen war nicht weit von der Hütte entfernt. Gras wuchs zwischen den Bäumen. Blumen blühten. Min-di nahm Wa-pi aus der Wiege und ließ ihn auf dem Boden krabbeln.

Die Großmutter zeigte mir, wie ich die Außenschicht der Rinde mit dem Messer von den Stämmen lösen konnte. „Wenn du zu tief schneidest, kleiner Wa-gusch“, sagte sie, „dann wächst die neue Rinde vernarbt und knorrig nach. Wenn du achtgibst und den Baum nicht verletzt, wird er dir im nächsten Jahr wieder glatte, gute Rinde geben.“

Ich nahm das Messer, schnitt nicht zu tief und verletzte den Baum nicht. Mein erstes Rindenblatt war gerade groß genug für einen Teller. Mein zweites war schon größer. Die Rindenblätter waren außen weiß und innen hellbraun. Sobald wir sie vom Stamm gelöst hatten, rollten sie sich ein.

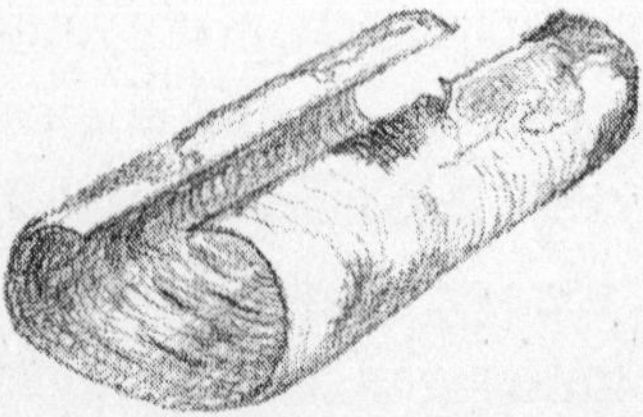

Weil Min-di und ich so eifrig arbeiteten, konnte die Großmutter sich ausruhen. Sie saß im Schatten eines Baumes und paßte auf, daß Wa-pi nicht zu weit fortkrabbelte. Als Min-di und ich genug Rindenrollen gesammelt hatten, setzten wir uns zu ihr. Die Birkenblätter an ihren dünnen Stielen drehten und wendeten sich im leichten Wind. Die Stämme leuchteten weiß. Im Laub zitterte Sonnenlicht.

„Großmutter", sagte ich, „werden die Bäume uns immer ihre Rinde geben?"

„Ja, kleiner Wa-gusch! All die Jahre, die ich hier lebe, haben sie es getan. Ich habe nie zu tief geschnitten und sie nicht verletzt. Ich habe nie mehr genommen, als ich brauchte. Solange wir das nicht vergessen, werden wir immer genug haben."

Wir wanderten heim und stapelten die Rinde in einem Winkel der Hütte. Min-di und ich gingen mit ein paar Rollen zum Bach, wir wollten am Ufer eine kleine Hütte für uns bauen.

Wir machten es genau wie die Erwachsenen. Zuerst nähten wir die Rindenrollen aneinander. Dann steckten wir Zweige im Kreis in die Erde und banden sie oben mit Rindenfasern

zusammen. Das Zweiggerüst bedeckten wir mit Rinde. Wir ließen nur den Eingang frei und oben ein kleines Loch. Ganz zum Schluß befestigten wir die Rinde an den Zweigen, damit der Wind sie nicht davontragen konnte.

Als wir fertig wurden, war es schon spät am Nachmittag. Min-di und ich saßen nebeneinander in unserer Hütte. Sie war gerade so groß, daß wir beide darin Platz hatten.

„Jetzt haben wir eine eigene Hütte, nur für dich und mich“, sagte Min-di.

Draußen plätscherte und murmelte der Bach. Sollte ich Min-di erzählen, warum ich am Morgen auf den Hügel gegangen war? Sollte ich ihr sagen, daß der kleine und der große Baum meine Freunde waren? Nein, jetzt noch nicht. Es war schön, ein Geheimnis zu haben. Ich wollte mich noch länger darüber freuen. Einmal, das wußte ich, würde es der richtige Tag und die richtige Zeit sein, Min-di alles anzuvertrauen.

Das Lied der Wölfe

Die Zeit verging. Ich vermißte meine Eltern kaum noch. Ich hatte so viel zu tun. Jeden Tag erlebte ich etwas Neues. Fast jeden Morgen kam Min-di zu mir, oder ich ging zur Hütte ihrer Eltern.

Min-dis Vater war groß und stark wie mein Vater. Er nahm mich in den Wald mit und lehrte mich, wie ich die Spuren der Tiere lesen konnte. Er zeigte mir, wie man Bogen und Pfeile machte. Min-di und ich begleiteten ihn, wenn er mit dem Birkenrindenkanu auf Entenjagd fuhr. Er war ein guter Jäger, er brachte der Großmutter Enten und Kaninchen, damit wir immer genug zu essen hatten.

Der Weg von der Hütte der Großmutter bis zur Hütte von Min-dis Eltern war nicht weit. Manchmal saß ich am Bachufer und schaute Min-dis Mutter zu, wie sie aus Binsen Matten flocht. Sie sang dabei mit leiser Stimme Lieder, die sie sich beim Singen ausdachte. Auch meine Mutter hatte bei der Arbeit gesungen, auch ihr hatte ich gern zugehört.

Viele Stunden lang spielten Min-di und ich in unserer kleinen Hütte. Wir machten Puppen aus Binsen und Gras. Ich zeigte Min-di, wie gut ich schon mit Bogen und Pfeilen schießen konnte. Wieder ein anderes Mal saßen wir still beisammen, um die Entenmütter nicht zu stören, die mit ihren Jungen im Schilf schwammen.

Genauso schön war es, bei der Großmutter zu sein. Wir fingen Fische im Bach. Wir sammelten Binsen. Wir holten Reisig aus dem Wald. Ich half mit, wenn sie Körbe aus dünnen Eschenspänen flocht. Wir wanderten auf den Hügel zum alten und zum kleinen Baum.

Der kleine Baum hatte viele junge Triebe angesetzt, mir war, als könnte ich zusehen, wie er wuchs und größer wurde. In der Krone des alten Baumes hatten Vögel ihre Nester gebaut, wir hörten das Zwitschern der Kleinen. Alle Vögel und alle Tiere hatten Junge. Saßen die Großmutter und ich im Abenddämmern unter dem alten Baum, kamen Hirschkühe mit ihren Kälbchen auf die Wiese und ästen. Manchmal hörten wir in der Ferne die Wölfe heulen. Irgendwo im Wald, ganz versteckt, hatten sie eine Höhle, in der sie ihre Jungen aufzogen.

Einmal wanderten die Großmutter und ich tief hinein in den Wald, zu geheimen Plätzen, an denen wir noch nie gewesen waren. Die Bäume standen so hoch und dicht, daß wir den Himmel nicht sehen konnten. Im verstrüppten Unterholz war es mühsam, einen Weg zu finden. Wir waren froh, als wir zu einem Hügel kamen, der im hellen Sonnenschein lag. Vor vielen Jahren hatte ein Sturm die Bäume auf seiner Kuppe entwurzelt. Wir kletterten über die halbvermoderten Stämme und setzten uns in den Schatten eines Strauches.

Unten am Fuß des Hügels lagen große Steinblöcke, von Ranken und Waldreben überwuchert. Es war ganz still, nur ein Rabe rief krächzend und verstummte gleich wieder. Die Stille und die Hitze machten mich schläfrig. Mir wollten schon die Augen zufallen, als die Großmutter plötzlich warnend die Hand auf meinen Arm legte.

Bei den Steinblöcken bewegte sich etwas. Ein kleiner, pelziger Kopf mit einer spitzen

Schnauze tauchte aus den Ranken und Reben auf. Wir duckten uns. Wir wagten nicht, uns zu rühren. Dort, am Fuß des Hügels, war der Eingang zur Wolfshöhle. Ohne es zu wissen, hatten wir uns ganz in der Nähe niedergelassen. Viel zu nah!

Vier kleine Wölfe kamen mit ihren Eltern aus der Höhle hervor. Die Mutter blieb bei den Welpen, der große Wolf setzte sich ein Stück ab-

seits unter die Bäume. Er lauschte. Er schaute um sich. Der Wind strich von ihm zu uns her und konnte ihm nicht verraten, daß wir auf dem Hügel waren.

Die kleinen Wölfe tappten auf kurzen Beinen umher, die dicken Bäuche wackelten. Die dünnen Schwänze steil aufgereckt, versuchten sie, einander zu fangen. Sie knurrten, sie kugelten übereinander. Immer wieder fielen sie über die Mutter her. Sie zausten ihr das Fell. Sie schnappten nach ihren Pfoten, sie schnappten nach ihrem Schwanz. Die Wölfin ließ alles geduldig über sich ergehen.

Einer der kleinen Wölfe tappte von ihr fort und kam den Hügel herauf, geradewegs auf uns zu. Der große Wolf erhob sich. Ich meinte, mein Herz schlage so laut, daß er es hören müsse. Er lief dem Jungen nach, stieß es mit der Schnauze an und führte es zurück. Dann legte er sich nieder, den Kopf auf den Pfoten, und schloß die Augen. Kaum wagte sich aber eines der Jungen zu weit weg, war er sofort wieder hellwach.

Endlich hatten die kleinen Wölfe sich müde gespielt und krochen in die Höhle. Die Wolfsmutter folgte ihnen.

Tief drinnen im Wald hörten wir einen Wolf heulen. Der große Wolf stellte die Ohren auf, als lauschte er, was der andere ihm mitteilen wollte. Gleich danach war er lautlos im Unterholz verschwunden.

Es war wieder so still wie zuvor. Nichts regte sich mehr in den Ranken und Reben. Die Großmutter und ich stiegen vorsichtig den Hügel hinunter.

„Warum ist der große Wolf fortgelaufen?“ fragte ich, als wir durch den Wald heimwanderten.

„Weil ihn der andere Wolf zur Jagd gerufen hat“, antwortete die Großmutter. „Wölfe helfen einander. Sie sorgen liebevoll für ihre Kinder.

Ja, kleiner Wa-gusch, wir können vieles lernen von unseren Freunden, den Wölfen."

An diesem Abend war ich von dem weiten Weg so müde, daß ich bald nach dem Essen einschlief. Mitten in der Nacht wurde ich munter. Die Großmutter schlief neben mir. Es war dunkel, nur die Asche glühte. In den Wäldern heulten die Wölfe, und ihr Lied sang mich wieder in den Schlaf.

Der gefiederte Pfeil

Es wurde Sommer. Die Tage waren heiß und schwül. Schwärme von Mücken sirrten in der Luft. Abends, wenn die Großmutter und ich in der Hütte saßen, legten wir Laub aufs Feuer, damit der aufsteigende Rauch die Mücken vertrieb.

Einmal ließen sie mich die ganze Nacht nicht in Ruhe. Immer wieder weckte mich ihr Summen und Sirren. Am Morgen war ich nicht ausgeschlafen. Ein Tag fing an, an dem nichts so war, wie es sein sollte. Ich ging zum Bach, um Fische zu fangen, erwischte aber keinen. Die Fische waren zu flink für mich. Als ich mit dem vollen Eimer vom Bach zur Hütte ging, stolperte ich über eine Baumwurzel und verschüttete das ganze Wasser. Ich stieß zornig mit dem Fuß nach der Wurzel, als hätte sie es absichtlich getan, und stieß mir die Zehen wund.

Sonst kam Min-di schon früh am Morgen.

Diesmal ließ sie sich Zeit. Als sie endlich mit Wa-pi auf dem Rücken am Bachufer auftauchte, hatte ich keine Lust mehr, mit ihr zu spielen. Sie holte die Graspuppen aus unserer Hütte. Wa-pi krabbelte herum und war mir im Weg. Ich flüchtete in die Hütte, um Ruhe zu haben, aber er kam mir nach. Da vergaß ich das Beispiel der Wölfe, packte ihn und setzte ihn vor die Hütte. Er glaubte, das sei ein neues Spiel, und kroch wieder zu mir herein.

Ich nahm meinen Bogen und die Pfeile und flüchtete erneut. Mit Graspuppen und Wa-pi zu spielen, das war etwas für Mädchen und kleine Kinder. Dafür war ich schon zu groß. Jetzt wollte ich Min-di zeigen, welch guter Schütze ich war!

Weiter unten am Bach stand eine junge Erle. Ich hatte so oft geübt, daß ich den Stamm auf zwanzig Schritte Entfernung treffen konnte. An diesem Tag war aber wirklich nichts so, wie es sein sollte. Alle Pfeile flogen daneben, und jedesmal lachte Min-di.

Ich nahm meinen besten Pfeil. Min-dis Vater hatte ihn mir geschenkt. Der Schaft war besonders schön gefiedert und bunt bemalt.

„Schau her, Min-di!“ rief ich.

Ich spannte den Bogen, spannte ihn mit aller Kraft. Ich zielte lange und sorgfältig. Diesmal mußte ich treffen.

Ich weiß nicht, wie es zuging. Vielleicht hatte ich den Bogen zu sehr gespannt. Statt fortzuschnellen, rutschte der Pfeil von der Sehne und fiel ins Gras. Min-di lachte noch mehr.

Ich hob den Pfeil auf und schoß ihn hoch hinauf in den Himmel. Mochte er ins Dickicht fallen oder ins Binsengras, dort, wo es am dichtesten wuchs und ich ihn nie wiederfinden würde! Dann schleuderte ich den Bogen weit weg und rannte fort.

„Wa-gusch! Warte auf mich!“ rief Min-di mir nach. „Wa-gusch!“

Ich rannte nur noch schneller. Ich rannte so lange, bis ihre Stimme verklang und nicht mehr zu hören war. Über dem Bach tanzten Mücken. Das Wasser am Ufer schien stillzustehen. Hier und da raschelte etwas im Schilf. Eine Ente flog mit klatschenden Flügelschlägen auf. Ich wünschte, mein Vater wäre hier. Dann hätte ich mit ihm auf die Entenjagd gehen können. Er hätte bestimmt nicht gelacht, wenn meine

Pfeile das Ziel nicht trafen. Warum war er fortgegangen? Min-di und Wa-pi hatten es gut. Ihre Eltern waren immer bei ihnen. Meine Eltern aber waren weit fort.

Vor der Hütte am Bach saß Min-dis Mutter, nähte eine Decke aus Kaninchenfellen und summte dabei ein Lied. Sonst liebte ich es, sie singen zu hören. Jetzt machte es mich traurig. So lange waren meine Eltern schon nicht mehr bei mir. Vielleicht hatten sie mich vergessen. Vielleicht kamen sie nie mehr zurück.

Ich schlich in den Wald hinein. Alles machte mich noch trauriger – die Tauben, die in den Bäumen gurrten, die Kaninchen, die vorüberhoppelten. Nicht einmal die Großmutter hätte mich trösten können.

Ich ging den Hügel hinauf und setzte mich in den Schatten des alten Baumes. Kein Blatt regte sich in der schwülen Luft. Stumm und groß stand der alte Baum da und breitete seine Äste über mir aus.

Auf einmal war Min-di da, sie kam den Hügel herauf und setzte sich neben mich. „Ich habe mir gedacht, daß du hier oben bist!" sagte sie.

„Du hättest mir nicht nachrennen müssen!"

antwortete ich. Aber was ich sagte, stimmte nicht. Ich war froh, daß sie es getan hatte. Ich war froh, daß sie bei mir war.

„Warum gehst du immer auf diesen Hügel?" fragte sie.

Sollte ich ihr mein Geheimnis anvertrauen? Waren es der richtige Tag und die richtige Zeit dafür? Ein leichter Wind war aufgewacht und flüsterte in den Blättern. Der Baum war nicht mehr stumm, es war, als rede er mit mir. „Ja, kleiner Wa-gusch! Es ist der richtige Tag!"

„Min-di", sagte ich, „der alte Baum und die Großmutter sind miteinander alt geworden. Er stand schon hier, als sie noch klein war. Er ist immer ihr Freund gewesen. Jetzt ist er auch mein Freund. Und der kleine Baum dort wird mit mir wachsen und größer werden und immer mein Freund sein. Darum bin ich so gern hier oben!"

Der kleine Baum hielt seine Zweige der Sonne entgegen. Schmetterlinge tanzten über die Wiese.

„Wa-gusch", sagte Min-di, „dein Pfeil ist in die Binsen gefallen. Ich habe aufgepaßt und weiß, wo wir suchen müssen."

Wir gingen zum Bach, suchten in den Binsen und fanden den schönen gefiederten Pfeil. Dann zeigte ich Min-di, wie gut ich schießen konnte. Ich traf jedesmal, kein einziger Pfeil flog daneben. Wir fingen Fische im Bach und brachten sie der Großmutter. Während wir oben auf dem Hügel gewesen waren, hatte die Großmutter auf Wa-pi aufgepaßt. Wir spielten mit ihm und den Puppen. Er krabbelte auf dem Boden herum und war mir nicht im Weg.

Es war doch noch ein guter Tag geworden. Ein guter Tag für Min-di und mich.

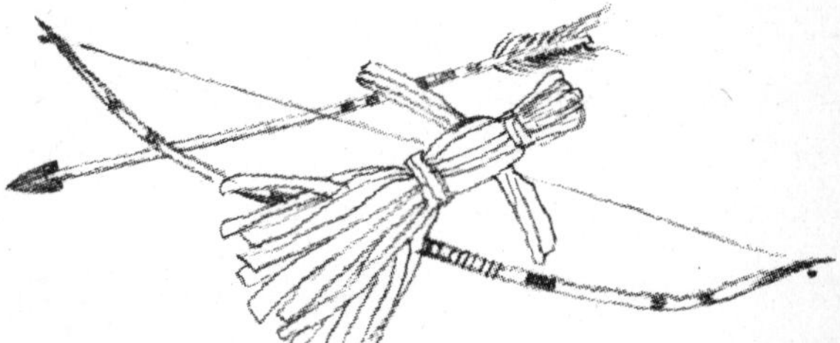

Das Gewitter

Es hatte lange nicht mehr geregnet. Schon am Morgen brannte die Sonne heiß vom Himmel. In der Hitze des Mittags verstummten die Vögel. Auch die Nächte brachten keine Kühlung. Der Bach führte nur noch wenig Wasser. Die schlammige Erde am Ufer war beinhart geworden und von Rissen durchzogen. Vertrocknete Blätter raschelten dürr.

Die durstigen Büsche ließen ihre Blätter schlaff von den Zweigen hängen. Überall im Gras waren braune Flecken. Auch die Tiere litten unter der Hitze und verkrochen sich im Dickicht. Die Kaninchen tollten nicht mehr umher. Die Erdhörnchen kamen nur selten aus ihren Höhlen.

Jeden Tag schaute die Großmutter sorgenvoller zum wolkenlosen Himmel hinauf. Es war, als hätte der Regen vergessen, daß wir ihn brauchten.

„Wird es denn nie mehr regnen, Großmutter?“ fragte ich.

„Doch, kleiner Wa-gusch“, antwortete sie, „es wird wieder regnen. Wir müssen Geduld haben.“

In der Hütte war es schwül, im Freien war es schwül. Selbst im Schatten hielt ich es kaum aus. Ich ging zum Bach, aber auch dort war es nicht besser. Die Sonne stach. Ihr grelles Licht schmerzte in den Augen. Nicht ein Vogel schlüpfte im Gezweig umher. Die Enten im Schilf regten sich nicht.

Die Stille bedrückte mich. Ich wollte schon zur Großmutter zurückgehen, als ich aus der Ferne ein leises Grollen hörte. Zuerst konnte ich es mir nicht erklären, dann sah ich, daß der Himmel am Horizont schmutziggelb geworden war. Über den Baumwipfeln stieg es dunkel auf. „Wolken, kommt zu uns!“ rief ich. „Regen, komm!“

Ich stand am Ufer und schaute zu, wie die Wolken wuchsen. Sie stiegen höher, schluckten das Himmelsblau und wanderten auf mich zu. Ein plötzlicher Windstoß fegte durch die Bäume. Staub und Blätter wirbelten hoch. Enten stoben auf, wurden vom Wind gepackt und suchten wieder Zuflucht im Schilf. Der Wind zerrte an meinem Haar. Er packte unsere kleine Hütte und rüttelte daran.

Weiß leuchtend zischte ein Blitz über den Himmel. Der Donner grollte, lauter als zuvor. Ich rannte heim und schlüpfte gerade noch rechtzeitig in die Hütte, bevor das Gewitter da war.

Die Großmutter hatte die Rauchluke geschlossen. Es war dunkel, als käme schon die Nacht. Der Sturm heulte, die Bäume ächzten und stöhnten. Ein Blitz machte die Hütte taghell. Im selben Augenblick krachte der Donner so entsetzlich laut, daß ich meinte, taub zu werden. Ich klammerte mich an die Großmutter.

„Hab keine Angst, kleiner Wa-gusch", sagte sie. „Auch Blitz und Donner sind unsere Freunde. Sie bringen uns Regen."

Blitz auf Blitz zuckte vom Himmel. Die gewaltige Stimme des Donners übertönte den Sturm. Aber noch etwas anderes konnte ich hören. Regen trommelte auf unsere Hütte!

So rasch das Gewitter gekommen war, so schnell zog es wieder weiter. Der Sturm ließ nach. Auch der Regen war jetzt nicht mehr so heftig. Der Donner grollte nur noch leise. Ich trat vor die Hütte. Überall gluckste und murmelte es. Die durstige Erde trank das Wasser.

„Großmutter“, sagte ich, „Donner und Blitz sind wirklich unsere Freunde. Sie haben uns den Regen gebracht.“

Es regnete den ganzen Tag. Es regnete auch noch die ganze Nacht. Am Morgen riß die Wolkendecke auf. Die Sonne schien. Im Laub funkelten und blitzten unzählige Tropfen.

Die Großmutter und ich gingen zum Bach. Das Wasser füllte wieder sein Bett. Noch war es trüb vom Regen, aber bald würde es wieder klar werden.

Der Sturm hatte unsere kleine Hütte zerzaust. Am Zweiggerüst hingen nur noch ein paar Rindenfetzen. Das machte mir nichts aus. Es war gerade der rechte Tag, mit Min-di Birkenrinde aus dem Wald zu holen und die Hütte wieder neu zu bauen, schöner und größer als zuvor.

Wa-pi und die Bärenmutter

Die kleinen Wölfe waren groß geworden. Die Wolfsfamilie hatte die Höhle verlassen. Manchmal hörten wir sie heulen, aber zu Gesicht bekamen wir sie nicht.

Die Nächte waren lau. Einmal, als die Großmutter und ich uns im Wald verspätet hatten, legten wir uns auf den Hügel unter dem alten Ahornbaum zum Schlafen nieder. In dieser Nacht sahen wir die Wolfsfamilie unten am Fuß des Hügels vorüberziehen. Die großen Wölfe führten ihre Jungen auf die Jagd.

Sternschnuppen leuchteten am Himmel auf und erloschen wieder. Ich dachte an meinen Vater. Auch er würde mich auf die Jagd mitnehmen, wenn er wieder bei mir war.

Im Wald waren die Beeren reif geworden. Min-di kannte alle Plätze, wo sie wuchsen. Zuerst sammelten wir Erdbeeren. Dann hingen die Himbeerdickichte voll süßer, roter Früchte

Bald danach konnten wir Blaubeeren und Moosbeeren ernten. Min-di und ich schleppten viele volle Tragkörbe heim. Was wir nicht gleich aufaßen, trockneten Min-dis Mutter und die Großmutter als Wintervorrat.

Aber nicht nur wir liebten die süßen Beeren. Es gab noch andere Bewohner des Waldes, die ganz verrückt danach waren – die schwarzen und braunen Bären. Sie hockten in den Beerenschlägen und stopften sich voll.

Auch die Bären waren unsere Freunde, sagte die Großmutter. Im kalten Winter wärmte uns ihr dicker Pelz. Trotzdem war es besser, ihnen aus dem Weg zu gehen. Sie waren groß und stark und konnten mit einem Tatzenhieb einen jungen Hirsch fällen. Besonders vor den Bärenmüttern mußten wir uns hüten. Bärenmütter waren immer in Sorge um ihre Jungen und immer bereit, sie zu verteidigen.

Wa-pi konnte nun schon gut laufen. Min-di trug ihn nur noch dann auf dem Rücken, wenn der Weg weit war. Wir nahmen ihn oft zum Beerensammeln mit.

Einmal lockten die vollen Stauden Min-di und mich immer weiter in einen Blaubeerenschlag hinein. Wir pflückten und pflückten und dachten nicht mehr an Wa-pi. Wir merkten erst, daß er nicht bei uns war, als wir die Körbe gefüllt hatten und heimgehen wollten.

„Wa-pi!“ rief Min-di.

Die Sonne schien auf den Beerenschlag. Es war ganz still, nur die Bienen summten. Wir schauten um uns. Nichts regte sich in den Stauden. Die Beeren leuchteten blau. Wa-pi war nirgends zu sehen.

Wieder riefen wir nach ihm, und wieder antwortete er nicht. Saß er vielleicht am Rand des Beerenschlages, an dem Platz, wo wir zu pflükken begonnen hatten? Wir nahmen hastig die Körbe auf und liefen hin. Wa-pi war auch dort nicht. War er in den Wald gegangen? Der Wald war groß, und Wa-pi war klein. Ich wollte nicht daran denken, was alles geschehen konnte, wenn er allein im Wald war und immer weiter von uns fortging.

„Wa-pi!“ schrien wir. „Wa-pi!“

Und diesmal erhielten wir eine Antwort. Wir hörten sein fröhliches Lachen. Es kam vom anderen Ende des Beerenschlages her. Wir hörten aber auch noch etwas anderes – ein leises Winseln, ein Brummen. Min-di warf ihren Korb weg und rannte los. Ich rannte ihr nach.

Zwischen moosbedeckten Steinen am Ende des Beerenschlages spielten drei kleine Bären. Zwei balgten sich, der dritte beschnüffelte Wa-pi neugierig. Wa-pi patschte mit den Händen nach ihm.

Die kleinen Bären mit ihrem wolligen Pelz, den dicken Pfoten und lustigen Augen sahen aus, als wären sie gerade die rechten Spielgefährten für Wa-pi. Aber wo kleine Bären sind, ist auch ihre Mutter nicht weit.

Min-di sprang über die Steine, packte Wa-pi und riß ihn hoch. Die Bärenjungen schauten verdutzt. Das kleinste winselte erschrocken.

Im selben Augenblick knackte und krachte es in den Büschen, und die Bärenmutter brach aus dem Dickicht hervor. Min-di drückte Wa-pi an sich und floh. Ich wollte auch fliehen. Aber ich blieb stehen. Bären können schneller laufen als Menschen. Ich wußte, daß ich die Aufmerksamkeit der Bärin auf mich lenken mußte, bis Min-di mit Wa-pi in Sicherheit war.

Das Herz klopfte mir bis zum Hals hinauf. Ich begann laut zu schreien, obwohl ich glaubte, keinen Ton herauszubringen. Ich klatschte in die Hände. Die Bärin wandte mir den Kopf zu. Ein tiefes Grollen kam aus ihrem Rachen. Leise vor sich hinjammernd, wackelte der kleinste der Bären auf sie zu. Sie beugte den Kopf zu ihm hinab und schnüffelte, als wollte sie sich vergewissern, daß ihm kein Leid geschehen war.

Da rannte auch ich. Und wie ich rannte!

Die Bärin verfolgte uns nicht. Als Min-di und ich endlich wagten, einen Blick zurückzuwerfen, sahen wir, wie sie sich mit ihren Jungen in den Wald hinein trollte.

Wir holten unsere Körbe und wanderten heim. Wa-pi war müde geworden und schlief in seiner Wiege. In den Büschen sangen die Vögel,

flöteten und trillerten. Min-di und ich gingen Hand in Hand.

Ich dachte an die Wölfe. Ich dachte an alles, was die Großmutter gesagt hatte. Sie hatte gesagt, daß wir so vieles von ihnen lernen konnten. Kein Wolf hätte sein Junges im Stich gelassen. Auch ich hatte Wa-pi nicht im Stich gelassen. Und irgendwo im Wald war die Bärin und beschützte ihre Jungen, so wie Min-di und ich Wa-pi beschützt hatten.

Die Ernte am See

Die Tage waren noch immer warm, aber schon fand ich hier und da ein gelbes oder rotes Blatt an einem der Sträucher. Als ich das erste verfärbte Blatt entdeckte, lief ich aufgeregt zur Großmutter.

„Die Blätter werden bunt!“ rief ich. „Jetzt kommen meine Eltern bestimmt bald heim.“

Die Großmutter schüttelte den Kopf. „Es ist noch zu früh im Jahr, kleiner Wa-gusch. Du mußt Geduld haben.“

Es war nicht schwer, Geduld zu haben, weil wir so viel zu tun hatten. Unsere Vorratskörbe waren bis oben voll mit getrockneten Beeren. Vor dem langen, kalten Winter wartete aber noch eine andere reiche Ernte auf uns. Einen halben Tagesmarsch entfernt waren viele kleine Seen. Im seichten Uferwasser wuchs das Reisgras. Die Zeit war gekommen, die reifen Körner einzusammeln.

Eines Tages, ganz früh am Morgen, brachen wir alle gemeinsam auf. Die Sonne schien durch den weißen Nebeldunst. Wir waren schwer beladen. Min-dis Vater trug das Birkenrindenkanu. Min-di hatte Wa-pi auf dem Rücken. Ihre Mutter, die Großmutter und ich schleppten Rollen aus Birkenrinde, Körbe, Kessel und was wir sonst noch für die Reisernte brauchten.

Gegen Mittag erreichten wir den ersten der kleinen Seen. Das Uferwasser war dicht bewachsen mit Reisgräsern. Entenscharen erhoben sich flügelklatschend. Gänse und Schwäne umkreisten den See und wollten sich lange nicht beruhigen.

Nach einer kurzen Rast gingen wir in den Wald, um Stangen für den Bau einer Hütte zu holen. Min-dis Vater fällte junge Stämme und schnitt kräftige Äste ab, die lang genug waren. Dann schleppten wir die Stangen zum Lagerplatz, rammten sie in die Erde und banden sie oben zusammen.

Als das Gerüst endlich stand, war es schon spät am Nachmittag. Wir beschlossen, die erste Nacht im Freien zu schlafen.

Die Sonne war im Untergehen. Min-dis Vater paddelte mit mir und Min-di auf den See hinaus. Nicht ein Windhauch regte sich. Das Wasser war so glatt, daß sich jede Binse und jeder Baum darin spiegelte. Unser Kanu schien über den See zu schweben, so leicht glitt es dahin. Die Sonne versank, Himmel und Wasser glühten rot. Wir kehrten erst um, als es dämmerte.

In dieser Nacht konnte ich lange nicht einschlafen, so müde ich auch war. Ich schaute in den sternfunkelnden, schwarzen Himmel. Vom See her hörte ich die Tauchervögel schreien. Ich hörte die feierlichen Rufe der Eulen. Ein Fuchs bellte. Min-di und Wa-pi schliefen zwischen ihren Eltern. Ich schmiegte mich an die Großmutter. Bald werden auch mein Vater und meine Mutter bei mir sein, dachte ich, bevor ich einschlief.

Bei Sonnenaufgang waren wir alle munter. Ein neuer arbeitsreicher Tag fing an. Die Großmutter und Min-dis Mutter deckten das Holzgerüst mit den Rindenrollen. Min-dis Vater baute über dem Feuerplatz ein Stangengerüst, auf das wir die Kessel zum Rösten der Körner hängen konnten. Min-di und ich holten Feuerholz aus dem Wald. Den ganzen Tag schleppten wir Reisig heran.

Die Ernte begann am nächsten Morgen. Unser Kanu glitt in das Gräserdickicht hinein. Min-dis Vater stand hinten und lenkte das Kanu mit einer langen Stange.

Wir hielten Büschel von Reisgras übers Kanu und klopften die reifen Körner mit kleinen Brettchen von den Rispen. An den Gräsern blieben genug Körner, damit auch im nächsten Jahr wieder junge Pflanzen im Uferschlamm wachsen konnten.

Von Zeit zu Zeit paddelten wir ans Ufer, füllten den Reis in Körbe und trugen ihn zum

Lagerplatz. Dort wurde er geröstet. Das Feuer unter den Kesseln durfte nie ausgehen.

Sobald der Reis geröstet war, mußte er gedroschen werden. Wir gruben große Rindeneimer bis zum Rand in die Erde und schütteten den Reis hinein. Min-di und ich zogen hohe Mokassins an, die uns bis zu den Knien reichten, und stiegen in die Eimer. Wir stampften mit den Füßen und tanzten auf dem Reis, bis sich alle Körner aus den Schalen gelöst hatten. Dann schwenkten Min-dis Mutter und die Großmutter den gedroschenen Reis in flachen

Körben hin und her. Der leichte Luftzug, der dabei entstand, wehte die rauhen Schalen fort.

Eines Morgens, als wir wach wurden, hing vor der Hütte ein erlegter Hirsch an einem Baum. Min-dis Vater war in der Nacht auf die Jagd gegangen. Wir bauten über den Reiskesseln ein zweites, noch höheres Stangengerüst. Dann schnitten wir das Hirschfleisch in lange, dicke Streifen und hängten sie auf das Gerüst. In der warmen Sonne und im stetig aufsteigenden Rauch schrumpfte das Fleisch, wurde trokken und haltbar für viele Monate.

Die schönen Tage am See gingen zu Ende. Eines Morgens brachen wir die Hütte ab und rollten die Rindenmatten zusammen. Min-dis Vater und die Großmutter fuhren mit dem schwerbeladenen Kanu über die vielen kleinen Seen zurück zum Bach. Wir anderen wanderten durch den Wald nach Hause. Häher begleiteten uns, Eichhörnchen keckerten oben in den Bäumen. Ein kühler, herbstlicher Wind wehte. Wenn meine Eltern heimkamen, brauchten sie den Winter nicht zu fürchten. Wir hatten gut vorgesorgt.

Alter Baum, du bist mein Freund

Es war Herbst geworden. Kalten Nächten folgten warme Tage. Immer mehr bunte Blätter sprenkelten das Laub der Bäume. Dann, nach dem ersten Frost, leuchtete der ganze Wald fast über Nacht in herbstlichen Farben. Alle Birken trugen gelbe Blätter. Andere Bäume hatten rotes Laub. Besonders schön waren die Ahornbäume mit ihren orangefarbenen Kronen.

Ich konnte es kaum noch erwarten, daß meine Eltern heimkamen. Jeden Morgen, wenn ich wach wurde, dachte ich: Heute kommen sie heim! Aber die Tage vergingen, einer nach dem anderen, und immer wurde ich von neuem enttäuscht.

„Du mußt Geduld haben, kleiner Wa-gusch", sagte die Großmutter.

„Ich habe schon so lange Geduld gehabt!" rief ich. „Ich will, daß sie heimkommen! Jetzt gleich! Willst du das nicht auch, Großmutter?"

...", kleiner Wa-gusch. Aber wenn man ungeduldig ist, vergeht die Zeit nur noch langsamer. Du mußt lernen, warten zu können."

Ich wollte es nicht lernen. Ich lief zum Bach. Ich dachte: Vielleicht sind mein Vater und meine Mutter schon da! Vielleicht kommen sie eben jetzt am Ufer daher!

Am Bach waren nur Scharen von Enten und Gänsen, die auf dem Flug nach Süden Rast machten. Ich lief den Hügel hinauf und blieb unter dem alten Baum stehen. Von hier oben konnte ich vielleicht in der Ferne meinen Vater und meine Mutter erspähen.

Die bunten Wälder waren durchzogen vom Nadelgrün der Tannen und Fichten. Ich wünschte meine Eltern herbei, aber das Wünschen half nichts. Einsam und still lagen die Hügel unter dem weiten Himmel.

Da schlang ich meine Arme um den Stamm des alten Baumes.

„Ich will nicht mehr warten", sagte ich. „Meine Eltern haben versprochen, daß sie heimkommen, wenn die Blätter bunt werden. Jetzt sind die Blätter bunt, und sie sind immer noch nicht bei mir. Die Großmutter hat gesagt, daß ich Geduld haben muß. Aber es ist so schwer, Geduld zu haben!“

Der große Baum breitete sein Blätterdach über mir aus. Im Laub raschelte es leise. Mir war, als redete der alte Baum mit mir. Mir war, als sagte er: „Wenn man so klein ist wie du, ist das Warten und Geduldhaben schwer. Aber schau mich an, kleiner Wa-gusch! So viele Jahre stehe ich hier auf dem Hügel. Im Herbst werden meine Blätter bunt. Im Winter sind meine Zweige kahl, doch jeden Frühling tragen sie von neuem grüne Blätter. Sommer und Herbst vergehen, und wieder wird es Winter und wieder Frühling. Es ist nicht schwer, Geduld zu haben, wenn man so alt ist wie ich. Auch du wirst es lernen. Und wenn dir die Zeit zu lang wird, dann komm zu mir, und wir warten miteinander.“

Ich setzte mich ins Moos. Ein buntes Blatt löste sich von den Zweigen des kleinen Baumes und schwebte herab. Laut rufend flog eine Schar Gänse über die Hügel.

Irgendwo, vielleicht noch weit weg, vielleicht schon ganz nahe, wanderten meine Eltern heimwärts.

Eines Tages würden sie bei mir sein. Es war auf einmal nicht mehr schwer, zu warten und Geduld zu haben.

Der große Sturm

Min-di und ich hatten jetzt wieder viel zu tun. Wir sammelten Brennholz für den langen Winter. Wenn wir in den Wald gingen, raschelte und rauschte die dicke Laubdecke unter unseren Füßen. Manchmal liefen wir, nur so zum Spaß, daß die Blätter hochwirbelten und in der Luft tanzten.

Kalte Regentage kamen. Der Wind fegte vom Norden her. Min-di und die Großmutter nähten weiche Decken aus Kaninchenfellen. Ich half dabei, so gut ich konnte. Mit den Decken wollten wir meine Eltern überraschen. Sie sollten es im Winter warm haben.

Eines Nachts begann der große Herbststurm. Heulend und brausend zog er über die Wälder dahin. Er rüttelte an unserer Hütte, als wollte er sie packen und davontragen. Die Großmutter und ich verkrochen uns unter den warmen Felldecken. Regenschauer prasselten auf die Hütte.

Ich dachte an meine Eltern, die irgendwo im Wald wanderten, und ich wünschte ganz fest, daß sie vor dem Sturm eine sichere Zuflucht gefunden hatten.

Am nächsten Morgen wagten die Großmutter und ich uns nicht ins Freie hinaus. Der Sturm riß Äste von den Bäumen, er knickte und entwurzelte Stämme. Immer wieder hörten wir das dumpfe Dröhnen eines stürzenden Baumes.

Wir blieben den ganzen Tag in der Hütte. Als es dunkel wurde, hielt uns das Heulen und Pfeifen des Sturmes noch lange wach.

Mitten in der Nacht wurde ich plötzlich wieder munter. Diesmal war es die Stille, die mich geweckt hatte. Der Sturm hatte sich gelegt, nur noch der Regen rauschte eintönig. Ich kuschelte mich an die Großmutter und schlief wieder ein.

Am Morgen kam die Sonne hinter den Wolken hervor. Nebel stiegen auf. Alles troff vor Nässe.

Min-di und ihr Vater besuchten uns. Sie wollten wissen, ob wir den Sturm gut überstanden hatten, und brachten uns ein großes Stück

Hirschfleisch. Bevor der Sturm begonnen hatte, war Min-dis Vater auf der Jagd gewesen. Er sagte, er sei gerade noch rechtzeitig heimgekommen.

Die Großmutter schürte das Feuer. Ich nahm den Eimer und begleitete Min-di und ihren Vater bis zum Bach. Auf dem trüben Wasser schwamm eine dicke Blätterschicht. Unsere kleine Hütte am Ufer war halb vergraben unter Laub, aber unversehrt. Wir hatten sie so fest gebaut, daß der große Sturm sie nicht hatte zerstören können.

Als ich mit dem vollen Wassereimer zur Hütte kam, hängte die Großmutter den Kessel über das Feuer und kochte Hirschsuppe. Wir aßen, bis wir satt waren, und im Kessel war noch immer mehr als genug.

Vielleicht kamen meine Eltern heute heim, hungrig vom weiten Weg. Dann konnten wir die Suppe für sie wärmen. Selbst die Großmutter wartete jetzt schon voller Ungeduld. Seit dem Sturm machte sie sich Sorgen. Es war schon so spät im Jahr, mein Vater und meine Mutter hätten längst bei uns sein sollen.

Gegen Mittag war der Himmel wieder blau geworden, die letzten Wolkenreste hatten sich aufgelöst. Die Großmutter und ich beschlossen, auf den Hügel zu wandern.

Der Sturm hatte den Wald verändert. Die Bäume waren kahl geworden. Nur noch vereinzelt hingen da und dort ein paar Blätter an den Zweigen. Bei jedem Schritt gluckste die nasse Erde. Die Laubdecke raschelte nicht mehr, sie war braun und unansehnlich.

Als wir zum Fuß des Hügels kamen, sahen wir, daß sich auch hier etwas verändert hatte. Ich wollte es zuerst nicht glauben.

„Großmutter!“ rief ich. „Unser Baum! Unser Baum steht nicht mehr da!“

„Der Sturm hat ihn gefällt, kleiner Wagusch“, sagte die Großmutter.

Sie nahm mich an der Hand. Wir gingen schweigend den Hügel hinauf. Der große alte Baum lag entwurzelt im Moos und braunen Gras. Wenn der Frühling kam, würden seine Zweige keine grünen Blätter mehr tragen. Nie mehr würde er mir Schatten geben, nie mehr mich trösten. In seiner Krone konnten keine Vögel mehr nisten. Ich stand stumm da. Ich hatte nicht gewußt, wie schwer es ist, einen Freund zu verlieren.

„So viele Herbststürme hat er überdauert", sagte die Großmutter. „Jetzt ist er alt und müde geworden, da war der Sturm stärker als er. Auch ich werde einmal so alt und müde sein wie er. Für uns alle geht unsere Zeit einmal zu Ende. Sei nicht traurig, kleiner Wa-gusch! Der kleine

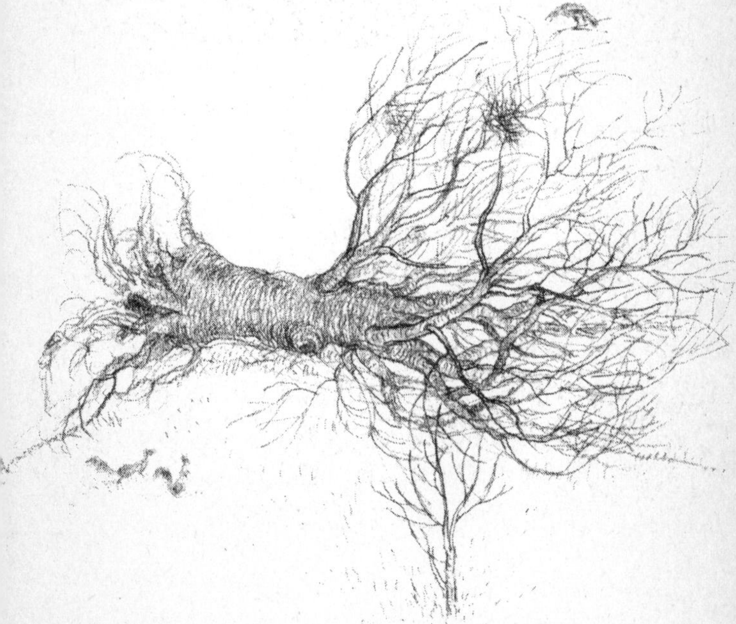

Baum wird mit dir wachsen, er wird mit dir zusammen groß werden und dein Freund sein, wie der alte Baum mein Freund war."

Die Großmutter hatte recht. Der alte Baum lag da, als wollte er sich ausruhen. Oben am Stamm war das Holz schon ganz morsch geworden. Der kleine Baum aber hatte tapfer dem Sturm widerstanden. An seinen Zweigen hingen noch ein paar Blätter und leuchteten in der Sonne.

Schnee und Regen und Sonnenschein würden den alten Baum verwittern lassen und zu guter, fruchtbarer Erde machen. Der kleine Baum aber würde mit mir wachsen und groß werden. Seine Blätter würden mir Schatten geben. In seiner Krone würden die Vögel ihre Nester bauen.

Wir blieben noch lange oben auf dem Hügel, die Großmutter und ich. Bevor wir heimgingen, legte ich zum Abschied die Hände auf die rauhe Rinde meines Freundes, des alten Baumes.

„Alter Baum", sagte ich, „du bist müde, du willst ausruhen. Ich bin nicht mehr traurig."

„Ja, kleiner Wa-gusch", sagte die Großmutter. „Leben geht zu Ende, und neues Leben entsteht. So ist es immer gewesen, und so ist es gut.“

Die Wölfe

In dieser Nacht schneite es. Am Morgen war die Erde gefroren, eine dünne Schneedecke hatte alles überzogen. Die Großmutter legte von Zeit zu Zeit Reisig aufs Feuer, damit die Hirschsuppe nicht kalt wurde. Wir traten immer wieder vor die Hütte, um Ausschau nach meinen Eltern zu halten.

Am Nachmittag nahm die Großmutter den Kessel vom Feuer. Ich hielt es daheim nicht mehr aus und ging zum Bach. Schnee lag auf der kleinen Hütte. Im Schilf war es still. Die Enten und Gänse waren nach Süden geflogen.

Ich wanderte am Ufer entlang bis zur Hütte von Min-dis Eltern. Aber auch dort hielt ich es nicht aus. Sie saßen alle beisammen, und Min-di brauchte sich keine Sorgen zu machen. Ihre Eltern waren bei ihr. Ich sagte, ich müßte zur Großmutter heimgehen. Ich ging aber nicht heim, ich ging den Hügel hinauf.

Die letzten Blätter waren von den Zweigen des kleinen Baumes gefallen. Die Äste des alten, müden Baumes zeichneten sich dunkel gegen den Schnee ab. Der Sturm war stärker gewesen als mein Freund. Hatten meine Eltern rechtzeitig einen Zufluchtsort gefunden? Oder hatte der Sturm sie überrascht? Ich dachte an das dumpfe Dröhnen der stürzenden Bäume. Auch die Großmutter hatte jetzt Angst um meine Eltern, obwohl sie es mich nicht merken lassen wollte.

Ich stapfte den Hügel hinunter. Der Himmel hatte sich mit grauen, stillen Wolken überzogen, die immer tiefer herabzusinken schienen. Es begann zu schneien. Ich glaubte, den Weg zurück zum Bach so gut zu kennen, daß ich ihn selbst in der dunkelsten Nacht finden würde. Bald wußte ich aber nicht mehr weiter. Bäume und Sträucher waren kaum noch auszumachen, der Schnee umschloß mich wie eine weiße Wand.

Als ich stehenblieb und um mich schaute, hörte ich einen Wolf heulen. Gleich darauf fiel ein zweiter Wolf in den Jagdgesang ein. Mein Herz klopfte auf einmal sehr laut. In der war-

men Jahreszeit fanden die Wölfe genug zu fressen. Jetzt war es kalt geworden. Jetzt schneite es. Die Wölfe waren hungrig. Vielleicht meinten sie, daß jemand, der so klein war wie ich, gerade die rechte Beute für sie sei.

Wieder heulte ein Wolf, schon viel näher.

Aber ich hörte noch eine andere Stimme. „Wa-gusch! Wa-gusch!"

Unten am Bach rief jemand nach mir. Da wußte ich die Richtung wieder und fing zu laufen an. „Hier bin ich!" schrie ich. Es waren Min- di und ihr Vater, die mich am Ufer erwarteten. Als es zu schneien angefangen hatte, waren sie mir nachgegangen. Sie hatten sich Sorgen um mich gemacht. Die Wölfe heulten noch immer, aber nun hatte ich keine Angst mehr. Min-di und ihr Vater begleiteten mich nach Hause.

Schatten im Schnee

Es schneite den ganzen Tag, und es schneite die ganze Nacht. Dann wurde es klirrend kalt. Min-di und ich setzten Pelzmützen auf und zogen warme Pelzjacken an. Unser Atem gefror zu weißen Wolken. Im Bach war nur noch eine schmale Rinne eisfrei. Die kleine Hütte am Ufer war vergraben im Schnee. Wir holten Tannenäste und fegten den Schnee beiseite.

„Wenn meine Eltern da sind“, sagte ich, „dann will ich ihnen unsere Hütte zeigen.“

Min-di sagte keine Wort.

„Sie kommen bestimmt bald heim!“ rief ich.

„Ja, Wa-gusch“, antwortete Min-di, aber sie schaute mich nicht an dabei.

Als Min-di mich am Nachmittag verließ, ging ich zur Hütte zurück. Die Großmutter saß am Feuer und machte Schneeschuhe für mich. Ich setzte mich zu ihr und half mit. Wir bogen Weidenzweige kreisrund und verbanden sie mit einem Geflecht aus Lederriemen. Die Schneeschuhe sahen aus wie große, flache Teller. Wenn ich sie an die Mokassins schnallte, konnte ich durch den tiefen Schnee stapfen, ohne einzusinken.

„Du mußt lernen, Schlingen für Kaninchen und Hasen auszulegen“, sagte die Großmutter. „Solange wir beide allein sind, mußt du Min-dis Vater bei der Jagd helfen.“

„Warum kommen meine Eltern nicht heim?“ rief ich.

Die Großmutter legte die fertigen Schneeschuhe neben das Feuer. „Kleiner Wa-gusch“, sagte sie, „der Weg vom großen See bis zu uns ist weit. Er ist gefährlich im Winter. Vielleicht müssen wir bis zum Frühling warten.“

Bis zum Frühling? dachte ich. So lange noch? Und wenn sie dann auch nicht kommen?

Ich sprang auf und lief ins Freie. In der Hütte war es mir plötzlich zu eng geworden. Ein paar Flocken fielen herab. Vielleicht kamen meine Eltern nie wieder heim!

Die Großmutter war mir gefolgt, trat zu mir und legte die Hand auf meine Schulter. Ich weiß nicht, wie lange wir nebeneinander stan-

den. Es schneite immer dichter. Unter den Bäumen wurde es dämmrig.

Drinnen im Wald sangen die Wölfe ihr Jagdlied. Zwischen den grauen Stämmen tauchten graue Schatten auf.

Einer der Schatten löste sich von den anderen, sprang an mir hoch und jappte. Es war ein kleiner Hund.

Durch den wirbelnden Schnee kamen mein Vater und meine Mutter auf uns zu. Meine Mutter trug auf dem Rücken eine Wiege, die dick in Felle eingemummt war.

Mein Vater hob mich auf. „Kleiner Wagusch“, sagte er, „wir sind heimgekommen.“

Der schöne Traum

Wir saßen in der Hütte. Draußen fiel der Schnee und hüllte den Wald in eine weiße Decke. Das Feuer brannte. Die Großmutter hatte die Hirschsuppe gewärmt, und es war genug für uns alle gewesen.

„Wie groß du geworden bist, kleiner Wagusch", sagte die Mutter. „Freust du dich, daß du eine Schwester hast?"

Ich nickte. Ich konnte es noch immer fast nicht glauben. Die kleine Schwester war auf die Welt gekommen, als die Blätter bunt geworden waren. Deshalb hatten mein Vater und meine Mutter nicht früher heimwandern können. Aber jetzt waren sie bei uns, und es machte nichts mehr aus, daß die Großmutter und ich so lange gewartet hatten. Meine Eltern würden nie wieder von uns fortgehen. Mein Onkel und meine Tante hatten beschlossen, mit ihren Kindern vom großen See zu uns zu wandern.

Im Frühling, wenn der warme Wind aus dem Süden den Schnee geschmolzen hatte, würden sie kommen und dann bei uns bleiben.

In der Feuerstelle liefen Flammen am Reisig empor. Rote Lichter huschten über die Wiege, in der die Schwester schlief. Der kleine Hund hatte sich neben mir ausgestreckt. Er winselte und grub die Schnauze in meine Hand. Ich streichelte ihn. Er war ein Geschenk des Onkels für mich.

Morgen werde ich zu Min-di gehen und ihr alles erzählen, dachte ich. Gleich in der Früh! Wird sie staunen, wenn sie hört, daß ich nun eine Schwester und einen Hund habe!

Die Nacht kam. Es schneite und schneite. Wir brauchten den Winter und die Kälte nicht zu fürchten. Alle Vorratskörbe waren voll, und mein Vater würde für uns auf die Jagd gehen.

In der Glut knackte es leise. Mein Vater und meine Mutter schliefen ein, müde vom langen Weg. Die Pfoten des kleinen Hundes zuckten im Schlaf, als liefe er einem Kaninchen nach. Irgendwo im Wald heulten die Wölfe. Ich lauschte ihrem Lied und wünschte ihnen eine gute Jagd.

Die Großmutter legte Reisig aufs Feuer. „Schlaf auch du, kleiner Wa-gusch“, sagte sie.

Die Augen fielen mir zu. Ich träumte. Es war ein schöner Traum, in dem wir für immer beisammen waren, die Großmutter, mein Vater und meine Mutter und die Schwester. Ich träumte von den neuen Freunden, die im Frühling zu mir und Min-di kommen würden. Ich träumte von den glücklichen Tagen, die auf uns warteten.